乡村学校少年宫拓展性课程系列

少儿民族乐器
探究与体验

叶朝晖 编著

浙江工商大学出版社 | 杭州
ZHEJIANG GONGSHANG UNIVERSITY PRESS

图书在版编目（CIP）数据

少儿民族乐器探究与体验 / 叶朝晖编著 . —杭州：
浙江工商大学出版社，2023.4
ISBN 978-7-5178-5442-5

I. ①少… II. ①叶… III. ①民族乐器—中国—小学
—教学参考资料 IV. ① G624.713

中国国家版本馆 CIP 数据核字 (2023) 第 059344 号

少儿民族乐器探究与体验

SHAOER MINZU YUEQI TANJIU YU TIYAN

叶朝晖 编著

责任编辑	周敏燕
责任校对	都青青
封面设计	朱嘉怡
责任印制	包建辉
出版发行	浙江工商大学出版社
	（杭州市教工路 198 号　邮政编码 310012）
	（E-mail：zjgsupress@163.com）
	（网址：http://www.zjgsupress.com）
	电话：0571-88904986，88831806（传真）
排　　版	杭州朝曦图文设计有限公司
印　　刷	杭州宏雅印刷有限公司
开　　本	787mm×1092mm　1/16
印　　张	6
字　　数	86 千
版 印 次	2023 年 4 月第 1 版　2023 年 4 月第 1 次印刷
书　　号	ISBN 978-7-5178-5442-5
定　　价	30.00 元

这是一本以了解、体验、探究为主要形式的少儿民族乐器体验拓展性课程的教材。以小学三至六年级学生为教学对象，教材编写遵循基础教学逻辑与现代教育理论，适合该年龄阶段学生的身心发展与认知能力。设计简单、有趣、易操作，符合少年儿童心理特征，且有别于常规的器乐专业学科教学。内容不仅从音乐艺术教育范畴拓展到科学探究、劳技实践领域，还涉及一定的历史、人文知识，具有多维目标。

本教材设计课程为一个学期，每周一个课时。学生通过一个学期的学习，能初步了解具有代表性的十五种中国民族乐器的艺术风格、特点、构造和历史由来。根据民间流传的"千日胡琴百日笛，三天喇叭上酒席，敲敲打打可代替"的说法，从最容易入手的打击乐、吹奏乐开始，由易到难，按"打击—吹奏—弹拨—弓弦"的顺序安排，每课欣赏、体验一件乐器。

课程从第一课《群音之首——鼓》到第十五课《草原牧歌——马头琴》，每课有"玩一玩""说一说""听一听""试一试"和"想一想"五个环节。从"玩、说、听、试"到激发学生对乐器发声原理展开探究的"想"，以及每个单元的拓展作业"我发明的乐器"，都是针对少年儿童对新事物的好奇心、爱动手、想试试、喜欢玩等心理特点设计的。以"玩"引发"好奇"，以"探究"激起"兴趣"，注重对学生探究心理的有效激发，结合乐器实物体验与多媒体教学手段，加深学生对民族乐器的认知与感触，以此培养学生对民族乐器的学习兴趣，感受民族音乐文化之美。

基于目前"乡村学校少年宫"缺少具有拓展性的民族乐器体验课程的现状，本教材的出版创新了少年宫系统学习民族乐器课程的教学模式，降低了民族乐器的学习门槛，为少年儿童了解和学习民族乐器提供了新的形式与途径，这对传统民族乐器普及教育做出了积极的探索和研究。

目录
MU LU

第一单元　打击乐器

　　同学们，你们知道吗，中国民族音乐中有很多种打击乐器。它们历史悠久，可以追溯到远古时期，历经数千年的磨砺与传承，是人类最早创造的乐器类型之一。这些打击乐器看似构造简单，但它们在演奏家手里却能产生丰富多变的节奏和声音，展现着无穷的艺术魅力。本单元专门给同学们介绍我们中国民族乐器中流传广泛、具有代表性的四种民族打击乐器。在欣赏这些优秀民族打击乐器的同时也让大家体验一把这些"敲敲打打的乐器"。

第一课
群音之首——鼓

导语：鼓是一件非常普及的打击乐器。同学们，你们知道吗，它也是乐器里面最年长的"前辈"之一哦！在我国古代，鼓不仅用于祭祀、乐舞、征战、狩猎，还是报时、报警、传递信号的工具呢！随着社会的发展，鼓很快融入了各民族地区的文化习俗，形成各种风格独特的鼓乐，应用范围更加广泛，例如戏剧曲艺、民俗活动、喜庆集会、劳动竞赛等等。由于鼓在各类演艺形式中都属于掌控节奏和速度的"指挥官"，所以鼓被称为"群音之首"。

在中国，鼓的品种非常多，常见的有腰鼓、大鼓、同鼓等。本课着重给大家介绍民族打击乐器中最主要的乐器——大鼓。

 玩一玩

（让学生触摸乐器实物，尝试让乐器发出声音，并引导学生进行观察。）

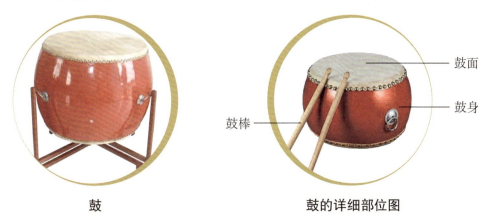

鼓面

鼓身

鼓棒

鼓   鼓的详细部位图

 说一说

同学们：

● 知道鼓面一般是用什么材料做的吗？

● 在什么场合见过鼓？

● 认为鼓的声音适合模仿什么？

● 鼓为什么能发出这么大的声音？

小贴士

　　鼓的构造比较简单，是由鼓面、鼓身和鼓棒三部分组成的。鼓面是鼓的发音体，通常是用动物的皮革蒙在鼓框上，经过敲击或拍打使之振动而发声。

1 "鼓"的来历

同学们，你们知道鼓的来历吗？

根据目前发现的出土文物，我们基本上可以确定鼓大约有5000年以上的历史。它起源于原始社会，是从人类为了驱赶和围猎野兽运用石块击打树干发出声响演变而来的，后来慢慢形成现在的形状。

"常先制鼓"的故事：传说黄帝身边有个很厉害的大将，名叫常先。他发明了很多狩猎工具。有一次，常先捕杀了一头野牛后，把剥下的牛皮随手搭在一个树墩上，忘记拿走了。这个树墩是空心的，时间一长，野牛皮经过暴晒发生收缩，把树墩紧紧地包住了。有人用手随便拍了一拍，竟然发出像打雷一样咚咚的响声。常先闻声赶来，发现原来是自己留下的牛皮发出的响声，就又找来一张野牛皮，把树墩的另一头也蒙住，再用木棒一敲，响声比原来更大、更好听。常先决定再做 个，并且让创造文字的仓颉给它起了个名字，叫作"鼓"。

2 作品欣赏：《绛州鼓乐》

（微信扫一扫）

绛州鼓乐源于先秦，盛于明清。直隶《绛州志》载："岁时社稷，夏冬雨季，又乡镇多香火，扮社鼓演剧。"《新绛县志》载："每逢赛社之期，必演剧数日，扮演各种故事，如锣鼓等等。"绛州鼓乐素有"地动山摇""闻声十里"之誉。演奏起来宏厚博大，气势磅礴恢宏，声韵铿锵，粗犷豪放而有力度。2006 年 5 月 20 日，山西省新绛县申报的绛州鼓乐经国务院批准列入第一批国家级非物质文化遗产名录。2021 年 12 月，绛州鼓乐被联合国教科文组织列为世界无形文化遗产。

3 小知识

"八音"：

同学们，你们应该都见过一种叫"八音盒"的玩具吧？但你们知道什么是"八音"吗？

"八音"其实是古人对中国民族乐器的分类。从西周至清朝，中国一直沿用"八音"分类法。根据乐器的不同制作材料将乐器分成金、石、丝、竹、匏、土、革、木八类，叫作"八音"。所以"八音盒"就是指有很多种声音的盒子。

金：指钟类，青铜打击乐器。

石：指石材类打击乐器，如磬。

丝：指弦乐器，如琴、瑟、琵琶、胡琴等。

竹：指竹制吹奏乐器，如笛、箫等。

匏：指用葫芦类的植物果实制成的乐器，如葫芦丝和古代的笙。

土：指陶制乐器，如埙、陶笛、陶鼓等。

革：指各种鼓。

木：指木制打击乐器。

但是到了现代，我们根据演奏方法把民族乐器分为打击乐器、吹奏乐器、弹拨乐器、弓弦乐器四大类。

同学们，你们发现了吗？

用手或鼓棒敲击鼓，发出声音时，鼓面的中心发出的声音要低沉一些，越向边缘声音就越高而尖。所以我们可以通过对鼓从中心到边缘各圈的位置及鼓边的打击，进行不同音色的演奏来丰富它的表现力。鼓的基本演奏方法有单击、双击、滚奏等。

同学们，来试着敲一敲吧。

练习　双手单击：① × × × ×（四分音符）

右 左 右 左

② × × × ×　× × × ×（八分音符）

右 左 右 左　右 左 右 左

③ × × × ×（十六分音符）

右 左 右 左

● 鼓的肚子里面为什么必须是空心的？
● 哪些生活用品可以用来替代鼓呢？

第二课

鸣金之器——锣

导语：有一个成语叫"敲锣打鼓"，一般是用来形容非常欢庆的场面，这说明锣和鼓一直以来都是一对"好搭档"。虽然在节日或喜庆之日我们都能听到和看到"锣鼓喧天"，但是，同学们对锣的了解远远没有对鼓的多。今天，就让我们一起走近这个明亮、开朗、阳光的金属打击乐器吧！

 玩一玩

（让学生触摸乐器实物，尝试让乐器发出声音，并引导学生进行观察。）

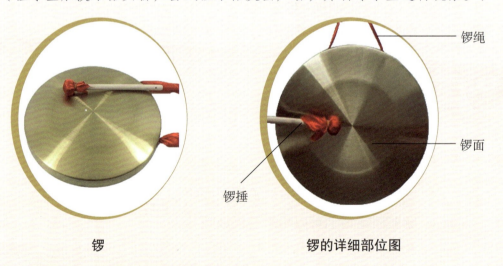

锣绳

锣面

锣捶

锣   锣的详细部位图

说一说

同学们:
- 锣是用什么材料做的?
- 锣的形状越大声音就越怎么样?
- 锣的形状越小声音就越怎么样?

听一听

1 锣的来历

同学们,你们知道吗,锣在我国有 2000 多年的历史了。在古代锣被称为"金",常用于礼仪和战争,故有"鸣锣开道"和"鸣金收兵"之说。到了宋代,锣已经被广泛应用于民间音乐。20 世纪以来,锣成为各族民间娱乐、节庆活动、地方戏曲和民间音乐中的主要一员。

锣的种类很多!据不完全统计,目前我国的锣约有 30 种,它们的造型、音色和效果各异。目前比较常用的锣,可简单地分为大锣、小锣、抄锣 3 种。

小贴士

锣的外表呈一个圆形的弧面,四周是以锣身的边框固定的。
锣属于金属乐器,无固定音高,声音强烈响亮,余音长久。

2 名曲欣赏：《丰收锣鼓》

《丰收锣鼓》是彭修文、蔡惠泉于1972年创作的一首具有鲜明山东音乐特点的管弦乐曲。该乐曲借鉴中国民间吹打音乐的鼓点和旋法并加以变化发展，推陈出新，充分发挥中国丰富多彩的打击乐器的表现能力，既有民族风格，又具时代特点。

（微信扫一扫）

同学们，听出锣的声音了吗？

3 小知识

"鸣锣开道"：

在封建社会时期，大小官员上街都要有差役在前"鸣锣开道"。"鸣锣开道"也是一种等级待遇：县一级官员上街，鸣锣七下，意思是"军民人等齐闪开"；府一级官员上街，鸣锣九下，意思是"官吏军民人等齐闪开"；省一级官员则鸣锣十一下，意思是"文武官吏军民人等齐闪开"；如果是中央一级的官员，就要鸣锣十三下，意思是"大小文武官吏军民人等齐闪开"。

"锣"在戏曲中经常作为将士出场的背景音乐，不同的锣声代表不同身份的人出场。下面我们一起来连连看：

大锣　　　　　　士兵

抄锣　　　　　　官员

小锣　　　　　　皇帝

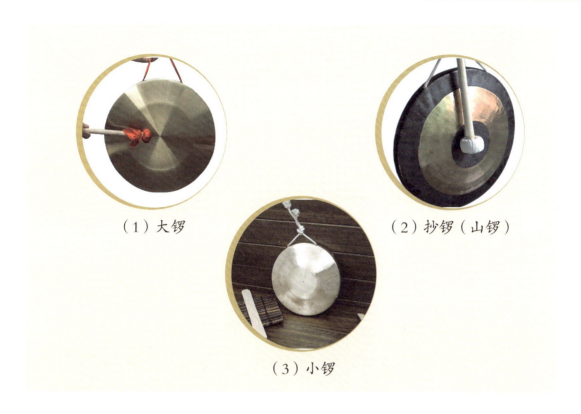

（1）大锣　　　　　　　　　　　（2）抄锣（山锣）

（3）小锣

 试一试

同学们，来试着敲一敲吧。

基本方法：锣身大小有多种规格，在演奏小型锣时演奏者左手提锣身，右手拿木槌敲击锣身正面的中央部分，锣产生振动而发音。大型锣就要悬挂于锣架上。

练习

 想一想

● 为什么锣要用绳子吊起来敲，不能用手直接拿着敲呢？
● 哪些生活用品可以用来做锣？

第三课
说唱艺术——竹板

导语：竹板是中国传统说唱艺术"快板"的主要伴奏乐器，也是民间普及很广泛的"响木"打击乐器。"快板"形式的节目也因其通俗、简单易懂、容易掌握，且节奏欢快、内容积极向上、舞台效果好等特点成为各类文艺舞台上的"常客"。近年来，"快板"已经成为地方民间文艺活动的主角之一。本课就让同学们一起重新认识一下我们熟悉的竹板吧！

 玩一玩

（让学生触摸乐器实物，尝试让乐器发出声音，并引导学生进行观察。）

大板

节子板

竹板

同学们：
- 竹板是用什么材料做的？
- 2块和3块以上竹板敲打出的声音有什么不同？

1 竹板的来历

同学们，知道竹板是谁发明的吗？

传说是由明朝开国皇帝朱元璋发明的呢！竹板艺人都把朱元璋当作祖师爷。为什么呢？据记载，朱元璋自幼爹娘早逝，无依无靠，只得挨户乞讨过日子。据说他到谁家讨要，谁家就有人生病。后来，百姓们都不准他在家门前喊叫。朱元璋没有办法，有一次看见地上有2块牛骨，情急智生，就用2块牛骨敲打出声，挨户讨要。于是百姓们

只要听到有敲打牛骨之声，就将吃剩下的食物拿到门前送给朱元璋。这样敲打乞讨的要饭方式就流传了下来，工具也渐渐地演变成声音较大的竹板。用竹板伴奏说唱的形式也逐步发展成现在的曲艺形式——快板。

哇！发明竹板的人居然当上了皇帝！

小贴士

因伴奏的曲种不同，竹板的板数也有多种，有2块、5块和7块之分。竹板使用毛竹制作，以选择不带竹节、无裂缝和无虫蛀的竹材为佳。竹板一般由"长16—19厘米、宽7—8厘米、厚1厘米"的瓦形竹板组成，上端用绳串联，下端可以自由开合。

2 作品欣赏：《天津快板》

快板是一种传统的说唱艺术形式，其中"天津快板"就是大家比较喜闻乐见的一种。天津快板的唱词上下句子要求对仗，尾字要求押韵。内容自由活泼有韵律，大多反映现实生活。说唱艺人们看见什么就说什么，擅长随编随唱，宣传自己对生活的态度。过去艺人们沿街卖艺时，经常见景生情，口头即兴编词，并以天津话演唱，形成幽默诙谐、爽朗明快的艺术特色，有着浓厚的生活气息和独特的方言风格，深受各地群众喜爱。

天津快板开头词："竹板这么一打呀，别的咱不夸，我夸一夸……"

（微信扫一扫）

3 小知识

"山东快板"是一种平词说唱艺术，起源于山东，表演时用2块大竹板儿（大板儿）和5块小竹板儿（节子板儿）伴奏。大小竹板儿合称为"7块板儿"。传统快板表演形式有单口、对口、群口快板，还有快板书。表现的艺术特点是短、明、快。通常表演的剧目是由历史演义或者神话传说改编而成的。随着时代的发展，快板书也与时俱进，创作出了一些现代段子，旨在教育人们遵纪守法，倡导社会公德和正能量，以及讽刺社会不良风气。

同学们来试试表演快板吧！

1. 基本练习分为三种——"握、挑、扬"。

握法：右手拇指和其他四指一面将其握住，侧面朝外，持板位置在拴绳处的下端，掌心与下板凹槽约有半个鸡蛋的空隙，形成一个共鸣箱。手腕向前推动，撞击上板，动作如扇扇，速度均匀，手握竹板要松弛。

挑法：将拇指穿入上下板之间拴绳处，用虎口轻轻夹住底板，另四指松开，协助拇指的动作，手腕转动，上板与下板的下端撞击，发出声音。

扬法：将下板握住后，小臂往上扬，上板随着扬起的惯性向上翻起，然后落下撞击下板，发出声音。

2. 口诀："三、三、七"的板式。

口诀为：一二三、三二一、一二三四五六七。心念手打（每小节为一拍）。

口诀：　|一二|三 0|三二|一 0|一二|三四|五六|七 0|

节子：　|嗒 0|嗒 0|嗒 0|嗒 0|嗒 0|嗒 0|嗒 0|嗒 0|

小创编：

老师：　|同学|好 0|好同|学 0|学习|认真|懂礼|貌 0|

学生：　|老师|好 0|好老|师 0|严肃|和蔼|又可|亲 0|

> **练习**　用天津快板的形式编一段快板词，说说身边的人和事。
>
> **例**　"竹板这么一打呀，别的咱不夸，我夸一夸，小明同学学习真棒……"

● 为什么体积越大声音就越粗越低，体积越小声音就越细越高？

● 哪些生活用品是可以用来做竹板的？

第 四 课
宫廷雅乐——编钟

导语：编钟与前3种打击乐器大不相同，因为它是一件不折不扣的文物。相比锣鼓、竹板的街头巷尾随处可见，编钟却如稀世珍宝。虽然它早在3500年前就存在了，但直到20世纪才被发掘。因为构造复杂，体积大，数量多，编钟在古代一直是皇宫里的豪华奢侈品。本课专门为大家介绍编钟，让同学们感受一下我们祖先的智慧与文明。

 玩一玩

（让学生触摸乐器实物，尝试让乐器发出声音，并引导学生进行观察。）

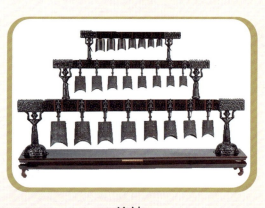

编钟

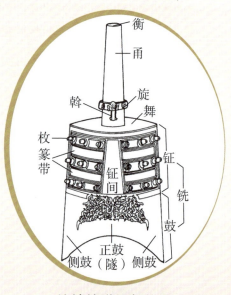

编钟的详细部位图

同学们:

● 猜一猜编钟是用什么材料做的?

1 编钟的历史

　　编钟是古代汉族重要的打击乐器。早在周朝就已兴起,盛行于春秋战国,一直到秦汉时期。编钟是由若干个大小不同的铜制钟体,按照大小次序依次悬挂在木架上编成一组或几组音阶排列,每个钟敲击发出的音高各不相同。由于年代不同,编钟的形状也不尽相同,但钟身都绘有精美的图案。早在3500年前的商代,中国就有了编钟,不过那时的编钟多为3枚一套。后来随着时代的发展,每套编钟的个数也不断增加。古代的编钟多用于宫廷的演奏,在民间很少流传,朝廷每逢征战、朝见或祭祀等活动时都要演奏编钟。

2 作品欣赏：《秋江夜泊》

　　《秋江夜泊》是中国古琴名曲，最早见于明代的《松弦馆琴谱》（1614），据说是根据唐代张继的诗"月落乌啼霜满天，江枫渔火对愁眠。姑苏城外寒山寺，夜半钟声到客船"所作的曲子。

（微信扫一扫）

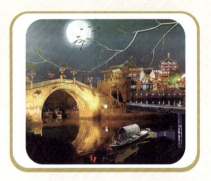

3 小知识

曾侯乙编钟：

　　1978年湖北随州南郊擂鼓墩的一座战国时代（约公元前433年）的曾侯乙墓出土的编钟，是迄今为止所发现的成套编钟中最引人注目的一套。这套编钟之大，足以占满一个现代音乐厅的整个舞台。曾侯乙编钟由19件钮钟、45件甬钟，外加楚惠王送的1件大镈钟，共65件组成。这些钟分3层8组挂在钟架上，直挂在上层的3组叫钮钟，斜悬在中下层的5组叫甬钟。全套编钟总重量在2500千克以上。钟架是铜木结构，演奏时乐队由几个人组成，用6只丁字形木槌敲高、中音，用2根长形棒撞低音。整套编钟和梁架气势宏大、壮观无比。

小贴士

　　中国古代,编钟是上层社会专用的乐器,是等级和权力的象征。曾侯乙编钟上还标有和乐律有关的2800多字铭文,记录了许多音乐术语,显示了中国古代音乐文化的先进水平。编钟音乐清脆明亮,悠扬动听。编钟能奏出歌唱一样的旋律,又有歌钟之称。

　　将大小不同的扁圆钟按照音调高低的次序排列起来,悬挂在钟架上,用丁字形的木槌和长形的棒分别敲打钟,就能发出不同的乐音。因为每个钟的音调不同,按照音谱敲打,可以演奏出美妙的乐曲。

> 练习　　×－－－×－－－

● 编钟的发声原理大体是编钟的钟体越小,音调就越(　　　);钟体越大,音调就越(　　　),音量也越大。为什么铸造时的尺寸和形状对编钟有重要的影响?

第一单元拓展作业——"我发明的打击乐器"

● 通过对本单元 4 种民族打击乐器的学习，同学们初步了解了民族打击乐器的前世今生。艺术来自生活，与其说是古代劳动人民创造了打击乐器，不如说是劳动人民在生活中发现了打击乐器。即便在当今生活中，我们同样处处可见多彩各异的"打击乐器"。

● 本节课后请同学们根据本单元学习的打击乐器的构造原理，找一找生活中可以发出奇妙声音的"打击乐器"，去发现、发明和创造"打击乐器"，并于下节课展示。

第二单元　吹奏乐器

　　我们通常把乐器中所有以"吹"发音的乐器统称为吹奏乐器。吹奏乐器一般由带孔的管子组成，材料各种各样，有金属、木头、竹子以及石头等。中国民族乐器中的吹奏乐器大多数是竹制的，如笛、箫、笙、唢呐、葫芦丝等。但很多乐器发音原理和吹奏方法不一样。由于各种乐器来自不同时代和民族，在长期发展的过程中形成了丰富多彩的艺术特色。本单元选择了笛子、唢呐、埙、葫芦丝、箫五种风格各异又具有一定代表性的中国民族吹奏乐器。让我们一起来探寻这些吹出来的民族音乐吧！

第五课

田野牧歌——笛子

导语：笛子是我们民族乐器中最优美的吹奏乐器之一。听到笛声，会让你想起辽阔的草原、宽广的田野、悠闲的牧童或山野中的百灵鸟……其音色嘹亮清脆，如雨后林中的一缕阳光沁人心脾。在民间有很多笛子爱好者，因为它小巧易携带、入门快，所以无论在街头巷尾，还是村头田野，你都会听到悠扬的笛声。

（让学生触摸乐器实物，尝试让乐器发出声音，并引导学生进行观察。）

笛子

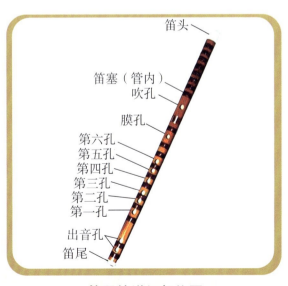

笛头
笛塞（管内）
吹孔
膜孔
第六孔
第五孔
第四孔
第三孔
第二孔
第一孔
出音孔
笛尾

笛子的详细部位图

说一说

同学们：
- 笛子是用什么材料做的？
- 它是怎么发出声音的？

听一听

1 笛子的来历

笛子的历史非常悠久，在新石器时代，先辈们就开始利用飞禽胫骨钻孔吹出悦耳的声音。最初用于围猎时引诱猎物和传递信号，后来逐步变成庆祝、歌舞的乐器。1977 年浙江余姚河姆渡出土了骨哨、骨笛，距今约 7000 年。1986 年 5 月，在河南省舞阳县贾湖村东新石器时代早期遗址中发掘出 16 支竖吹骨笛（用鸟禽胫骨制成），距今已有 8000 余年的历史。1987 年河南省舞阳县贾湖遗址出土了 7 孔贾湖骨笛，距今约 9000 年，是世界上最早的可吹奏乐器。

2 作品欣赏：《牧民新歌》

《牧民新歌》是著名笛子演奏家简广易先生于 1966 年以内蒙古伊克昭盟地区民歌音调为素材创作的曲子。作品以浓郁清新的民族民间音乐风格、亲切感人的旋律、活泼跳动的节奏展现出内蒙古大草原的风光和牧场上一派生机勃勃的喜人景象，表现了新时期牧民的精神风貌。《牧民新歌》吸收了多种演奏技巧，既有北方梆笛高亢明亮、灵活爽朗的风格，又兼有南方曲笛圆润含蓄、抒情柔美的特点，是笛子演奏史上的一大创新。它以其独具"雄而雌、强而弱、刚而柔、狂而雅、神而洁"的神韵一度风靡海内外，成为笛子曲的代表作，被编入联合国教科文组织的音乐教材，也是中国广播艺术团的保留曲目。

（微信扫一扫）

3 小知识

　　由于笛声优美动听，古代诗人常因闻笛声而感慨作诗。下面这首就是唐代著名诗人李白的诗作。

观胡人吹笛

［唐］李白

胡人吹玉笛，一半是秦声。

十月吴山晓，梅花落敬亭。

愁闻出塞曲，泪满逐臣缨。

却望长安道，空怀恋主情。

白话译文：

胡人吹奏着玉笛，大都是秦地的声音。

十月吴山的清晓，一曲《梅花》落到敬亭。

愁苦中听到《出塞》的乐曲，泪水顿流，沾湿了我的帽缨。

回头遥望那通往长安的大道，可叹我空怀着眷恋君主的衷情。

 试一试

同学们，来试着吹一吹吧。

吹笛是通过将气息吹进笛子的吹孔里发出声音的。方法如下：

嘴唇自然闭合，左手指捏笛头，右手指捏笛尾，将吹孔放在下嘴唇下沿，然后对准吹孔吹气时，嘴唇微微张开小空隙使气息成为一束气，往吹孔下方吹去。其原理就如同吹笔套一样。气息要集中，声音要求纯净，避免夹杂气声。

筒音作5

	膜孔	指孔
低音 5	○	●●●●●●
低音 6	○	●●●●●○
低音 7	○	●●●●○○
中音 1	○	●●●○○○
中音 2	○	●●○○○○
中音 3	○	●○○○○○
中音 4	○	○●●○○○ 或 ◎○○○○○ 或 ○●●●○
中音 5	○	●●●●●○ 或 ○●●●●●
中音 6	○	●●●●○○
中音 7	○	●●●○○○
高音 1	○	●●○○○○
高音 2	○	●○○○○○
高音 3	○	●○○○○○
高音 4	○	●●●○○○ 或 ◎○○○○○ 或 ●○○○○○ 或 ●○●●●○
高音 5	○	○●●●●○ 或 ○●●○○○
高音 6	○	●●○○○○

注：闭孔● 开孔○ 半开孔◎

笛子的常用音阶图

练习　谱例：|5 − − −|6 − − −|7 − − −|1 − − −|2 − − − |3 − − −|

 想一想

● 为什么笛子上的小孔"闭"和"开"能改变音的高低呢？

第六课
喜庆的声音——唢呐

导语：唢呐是历史悠久的中国民间吹奏乐器。它的声音开朗豪放，高亢雄壮，刚柔相济，技巧丰富且独具表现力，是中国民间流传最广泛的民族乐器之一。常应用于民间的婚、丧、嫁、娶、礼、乐、典、祭及秧歌会等仪式的伴奏。因此很多人都认为唢呐是我们民间的"土特产"。但是恰恰相反，唢呐其实是一个地地道道的"老外"。接下来就让我们一起来研究研究它的来历吧！

 玩一玩

（让学生触摸乐器实物，尝试让乐器发出声音，并引导学生进行观察。）

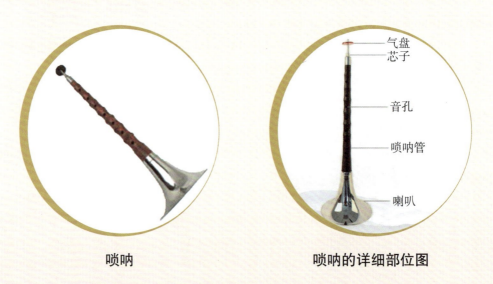

唢呐　　　　　　　　　唢呐的详细部位图

气盘
芯子
音孔
唢呐管
喇叭

说一说

同学们：

● 你在什么场所听过和见过唢呐演奏？

● 唢呐是用什么材料做的？

听一听

1 唢呐的历史

　　唢呐，中国双簧木管乐器。早在公元 3 世纪，唢呐随着丝绸之路的开辟，从东欧、西亚的波斯、阿拉伯一带传入我国，是世界双簧管乐器家族中的一员。经过在中华大地 1000 多年的演变发展，唢呐拥有了独特的气质与音色，已成为我国具有代表性的民族管乐器。唢呐的音色雄壮，管身呈圆锥形，顶端装有芦苇制成的双簧片，通过铜质的芯子与木管身连接，下端套着一个铜制的碗口，民间多因其形状特点称之为"喇叭"。用唢呐演奏的传统经典曲目有《百鸟朝凤》《豫西二八板》等。唢呐因其发音穿透力、感染力强，多用于民间的鼓乐班和地方曲艺、戏曲的伴奏。

2 作品欣赏：《百鸟朝凤》

　　《百鸟朝凤》这首曲子原是流行于山东、安徽、河南、河北等地的民间乐曲。它用热情欢快的旋律与模仿百鸟和鸣之声，表现了生气勃勃的大自然景象。1953 年春，山东省菏泽代表队首次以唢呐独奏《百鸟朝凤》参加全国会演，获得很大反响。后来《百鸟朝凤》被选为参加第四届世界青年联欢节的演出节目。

民间乐手任同祥等人对其进行多次加工、改编，设计了一个运用特殊循环换气长音技巧的华彩乐句和一个呈现百鸟齐鸣意境的引子，加强了乐曲的音乐性和艺术性，使全曲更为完整。

（微信扫一扫）

3 小知识

明代著名音乐家、"十二平均律"发明者朱载堉：

朱载堉（1536—1611），河南省怀庆府河内县（今河南沁阳）人，是明太祖朱元璋九世孙，其父郑恭王朱厚烷能书善文，精通音律乐谱。朱载堉自幼深受父亲影响，喜欢音乐、数学，聪明过人。15岁那年其父蒙冤入狱，为表示对朝廷的不满，离开皇宫，自建土房，独自生活了19年，历经落魄坎坷。其间朱载堉专心攻读音律历算、拜结能人贤士，生活简朴，以超凡的精神，开拓了音乐、数学等学科的先河，完成了《乐律全书》《算学新说》《瑟谱》等著作。

朱载堉是中国古代杰出的音乐家、数学家。他在艺术科学和自然科学两方面作出了诸多伟大贡献，尤其是他首创的"十二平均律"，享誉全世界。朱载堉用算盘算出的"十二平均律"为近代键盘乐器调律奠定了数理基础，从而铸就了西方近代乐器之王——钢琴。在朱载堉发表十二平均律理论52年后，17世纪法国著名的数学家、修道士马林·梅森（1636年）在其所著的《谐声通论》中发表相似的理论。朱载堉的成就震撼世界，中外学者尊崇他为"东方文艺复兴式的圣人"。因此，朱载堉和郭沫若一起被列为"世界历史文化名人"。

朱载堉一生淡泊宫廷生活，却热爱民间艺术，长期在怀庆府（今河南沁阳）一带采风。他曾深入黄河沿岸民间唢呐班子里潜心研究民间音乐，进行挖掘整理和校勘研究的工作，先后整理并保留下几十个广泛流传于中原地带的唢呐曲牌，如《百鸟朝凤》《抬花轿》《大开门》等。

 试一试

同学们，来试着吹一吹吧。

提示：传统唢呐的管身一共有8个孔，分别由右手的食指、中指、无名指、小指，以及左手的大拇指、食指、中指、无名指按孔（左右手可换）来控制音高。发音的方式是用嘴巴含住芦苇制的哨子（即簧片），用力吹气使之振动发声，经过木头管身和金属碗的振动与扩音使唢呐发出声音。唢呐的最大特色在于其能以嘴巴控制哨子进行音量、音高、音色的变化，以及各种技巧的运用。

掌握好呼吸是吹管乐的基本功之一。一般常说，"气足音满"，意思是足够的气息是"音满"的基础。

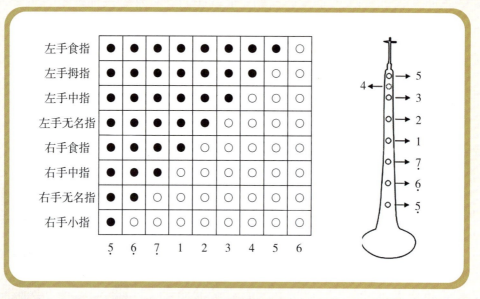

唢呐的常用音阶图

练习：基本音阶——长音。

$$| 1 - - - | 2 - - - | 3 - - - |$$

● 为什么唢呐的造型是"前大后小"，这样对声音有什么影响呢？

导语：埙是中国最古老的吹奏乐器之一，大约有 7000 年的历史，在世界原始艺术史中占有重要的地位。在很久很久以前，埙大多是用石头和骨头制成的，后来发展成为陶制。形状也有多种，如扁圆形、椭圆形、球形、鱼形和梨形等，其中以梨形最为普遍。埙是汉族特有的闭口吹奏乐器，别看它造型简单，它的音色却古朴幽远，是乐器中最具有远古意蕴的天籁之音！

（让学生触摸乐器实物，尝试让乐器发出声音，并引导学生进行观察。）

埙

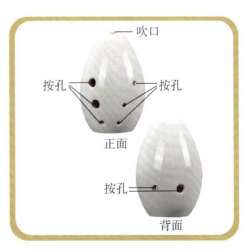

埙的详细部位图

吹口

按孔　　　按孔

正面

按孔

背面

说一说

同学们：
- 看看埙是用什么材料做的？
- 埙是怎么发出声音的？
- 你听到埙的声音会联想到什么？
- 远古时期人类还用石头做什么工具呢？

 听一听

1 埙的历史

埙是我国独有的乐器，音色古朴，被誉为天籁之音。秦汉时期以后，埙主要用于宫廷音乐。埙分颂埙和雅埙 2 种：颂埙形体比较小，像鸡蛋，声音细高；雅埙形体比较大，声音浑厚低沉。埙常和一种用竹子做成的吹管乐器"篪"（chí）配合演奏。在中国最早的诗歌总集《诗经》里就有"伯氏吹埙，仲氏吹篪"这样一句话，意思是说兄弟二人，一个吹埙一个吹篪，形容亲善和睦的手足之情。

起源说一：认为与远古时期的劳动生产活动有关。最初是先民们为模仿鸟兽叫声而制，用来诱捕猎物，而后随着社会的进步演变为乐器。

起源说二：认为埙是起源于一种叫作"石流星"的狩猎工具。远古时期，人们常用绳子系上一个石头或者凝固的泥团等球体，甩出去击打鸟兽。因有的球体中间有空隙，抡起来时在风的作用下可以发出声音。后来人们觉得好玩，就拿来吹，于是，这种石流星就慢慢地演变成了埙。

2　作品欣赏：《忆》

刘宽忍，毕业于西安音乐学院，中国第一位民族管乐器硕士学位获得者、硕士生导师、教授，中国埙文化学会会长，精于埙、笛、箫、古琴等多种民族乐器的演奏，极富歌唱性和感染力。他创造性地将二胡揉弦的技法和古琴演奏的淡定沉稳融入埙的演奏中，使得音乐更为细腻感人，被誉为"华夏吹埙第一人"。

（微信扫一扫）

3　小知识

"工尺谱"：

"工尺谱"是汉族传统的记谱法之一。用工、尺等字记写旋律，起源于唐朝时期，后来传到日本、越南等汉字文化圈地区，属于文字谱的一种。"工尺谱"虽在古代流传很广，但随着时代发展，被更为科学便捷的五线谱和简谱逐步替代了，现今只有老一代传统戏曲的艺人会使用"工尺谱"来演唱或记谱。

"工尺谱"在传统写法上由右而左直行，如同古文书写规则，但是现在也可以横排书写。常见的"工尺谱"，一般用合、四、一、上、尺、工、凡、六、五、乙等字样作为表示音高（同时也是唱名）的基本符号，相当于sol、 la、si、do、re、mi、fa（或升 fa）、sol、la、si。同音名高八度，则将谱字末笔向上挑，或加偏旁"亻"，如：上字的高八度写作上或仩。同音名低八度，则将谱字的末笔向下撇。如高两个八度则末笔双挑或加偏旁"彳"；如低两个八度则末笔双撇。

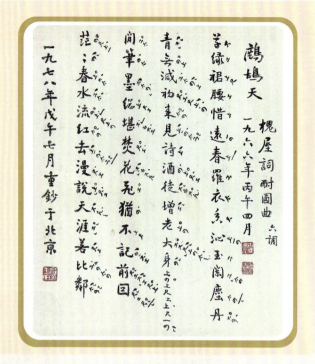

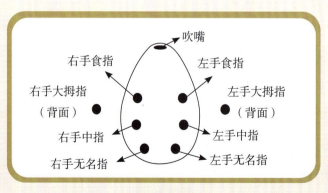

试一试

同学们，来试着吹一吹吧。

埙的吹奏技巧可分为气吹和舌吹2类，然后和指法技巧配合构成了它的演奏技法。埙的吹奏技法有长音、气震音、唇振音等，其中长音是所有埙吹奏技法的基础，必须饱满圆润、响亮坚实、平稳无杂音。

手握指法图解

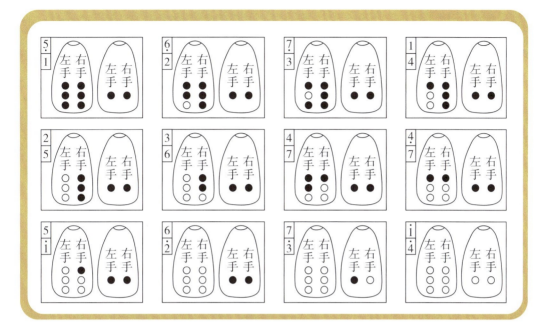

坝的常用音阶图

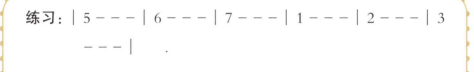

练习：| 5 － － － | 6 － － － | 7 － － － | 1 － － － | 2 － － － | 3
－ － － | .

 想一想

● 生活中还有哪些和坝的构造一样的物品也能被吹响？

第八课
傣族的精灵——葫芦丝

导语：葫芦丝，又称"葫芦箫"，属于云南少数民族乐器。葫芦丝发源于德宏傣族景颇族自治州梁河县，主要流行于傣族、阿昌族、佤族、德昂族和布朗族等少数民族聚居的云南德宏、临沧地区，富有浓郁的地方色彩。常用于吹奏山歌、农曲等民间曲调。葫芦丝可分为高、中、低音3种类型。其音色独特淳朴，外观朴实、精致，简单易学，受到许多音乐爱好者的喜爱。同学们，相信你们也能吹出优美的声音哦！

玩一玩

（让学生触摸乐器实物，尝试让乐器发出声音，并引导学生进行观察。）

葫芦丝

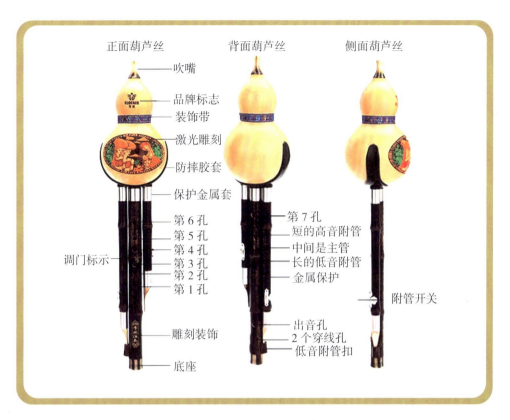

正面葫芦丝　　　　背面葫芦丝　　　　侧面葫芦丝

吹嘴
品牌标志
装饰带
激光雕刻
防摔胶套
保护金属套
第 6 孔
第 5 孔
第 4 孔
调门标示
第 3 孔
第 2 孔
第 1 孔
雕刻装饰
底座

第 7 孔
短的高音附管
中间是主管
长的低音附管
金属保护

附管开关

出音孔
2 个穿线孔
低音附管扣

葫芦丝的详细部位图

 说 一 说

同学们：

● 知道葫芦丝是用哪些材料做的吗?

 听 一 听

1 葫芦丝的历史

葫芦丝是由中原的笙逐渐演变而来的。笙，历史久远，发源于中原，后传入西南少数民族地区。葫芦丝在构造上仍保持着古代乐器的遗制。其 2 根副管不开音孔与古箫一样，可用于发出持续的五度音程。但它的主管有7个音孔，与后来的箫、笛非常相似。中华人民共和国成立后，中国民族音乐工作者对葫芦丝进行了不断改革，既保持了原来乐器特有的音色和风格，又增大了音量、扩展了音域、丰富了音响色彩和表现力。

葫芦丝的传说：

远古时候有一头凶兽，经常下山吃人和牲畜。此时，有位叫阿泰的小伙子历经千辛万苦，找到女娲娘娘为民除害。女娲娘娘赐予阿泰一只葫芦，可以收服妖魔鬼怪。阿泰回到了自己的家乡，用葫芦将猛兽收服。但猛兽依然在葫芦里乱撞，于是阿泰将一根竹子插在了葫芦的底部，猛兽再也没有出来作怪。后来为了纪念阿泰的事迹，大家仿照这个收服猛兽的葫芦和竹子的模样，做出了葫芦丝，并作为乐器流传下来。从此葫芦丝在傣族人家中世代相传。

2 作品欣赏：《月光下的凤尾竹》

《月光下的凤尾竹》是由我国著名作曲家施光南先生创作的傣族歌曲，词作家、诗人倪维德作词。该曲以其悠扬的曲调、娓娓动听的旋律，给人以心旷神怡的感觉，让人不由得联想起那郁郁葱葱的凤尾竹林间，散落着傣家楼阁，在融融的月光下，竹林中隐隐飘出阵阵悠扬淡雅的葫芦丝乐声。该曲后来成为葫芦丝演奏的经典曲目。

（微信扫一扫）

同学们，葫芦丝好听吗？

3 小知识

　　泼水节，亦称"浴佛节"，又称"楞贺尚罕"，是阿昌族、布朗族、佤族、德昂族以及傣语民族和东南亚地区的传统节日，大家用纯净的清水相互泼洒，祈求洗去过去一年中的不顺。泼水节是傣族的新年，一般在公历 4 月 13 日至 4 月 16 日期间，相当于公历的 4 月中旬，一般持续 3 至 7 天。

　　泼水节是展现傣族水文化、音乐舞蹈文化、饮食文化、服饰文化和民间崇尚等传统文化的综合舞台，是研究傣族历史的重要窗口，具有较高的学术价值。2006 年 5 月 20 日，该民俗经国务院批准被列入中国第一批国家级非物质文化遗产名录。

 试一试

同学们，来试试吹响它吧！

基本方法：

　　（1）右手无名指、中指、食指用第一节指肚分别按第一、二、三个音孔，拇指托于主管下方。左手无名指、中指、食指用第一节指肚分别按第四、五、六个音孔，拇指开位于主管前下方的第七个音孔。

　　（2）深呼吸，吸入的气尽可能多一些，吸气后，气息下沉，使气流在有控制的情况下有节制地均匀向外吹出，气息要平稳，不可以忽强忽弱。

（3）吹奏时，高音要用缓吹法（气流减小），低音要用急吹法（气流加强）。

（4）在按下各个音孔（即关闭）时一定要用规定手指的第一节指肚将音孔按严密，不能漏气，否则会影响音准和音色。

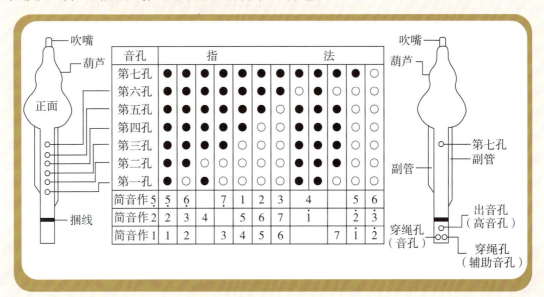

音孔	指						法				
第七孔	●	●	●	●	●	●	●	●	●	●	○
第六孔	●	●	●	●	●	●	○	●	○	●	○
第五孔	●	●	●	●	●	●	●	●	○	●	○
第四孔	●	●	●	●	○	○	○	●	○	●	○
第三孔	●	●	●	●	●	○	○	○	●	○	○
第二孔	●	●	○	○	○	○	○	○	●	●	○
第一孔	●	○	●	○	○	○	○	○	●	●	○
简音作5	5̣	6̣		7̣	1	2	3	4		5	6
简音作2	2	3	4		5	6	7	i̇			2̇	3̇
简音作1	1	2		3	4	5	6			7	i̇	2̇

葫芦丝的常用音阶图

练习　1 – – – – 2 – – – – 3 – – – –

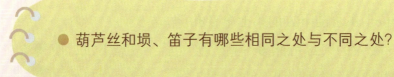

● 葫芦丝和埙、笛子有哪些相同之处与不同之处？

第九课

古老的传说——箫

导语：箫是一种非常古老的汉族吹奏乐器。箫的历史悠久，音色柔和幽雅，在民族音乐中常用于独奏和重奏。"箫"字本义形容声音，由"竹"和"肃"组成，"竹"指材质，"肃"指声音。"肃"在汉字中本义为"千针万孔"，也可以比喻为"风声尖锐地漫天呼啸"。"竹"与"肃"联合起来就是表示一种模拟风声漫天尖锐呼啸的竹制吹奏乐器。同学们，让我们一起来了解一下吧。

（让学生触摸乐器实物，尝试让乐器发出声音，并引导学生进行观察。）

箫

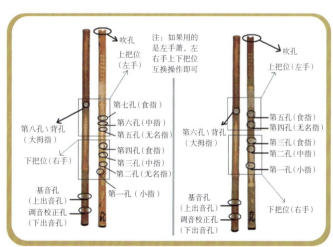

箫的详细部位图

说一说

同学们:

● 箫是用什么材料做的?

● 箫与笛子有什么不同?

听一听

1 箫的历史

箫和笛子一样,源自远古时期的骨哨,历史上都称为"笛",唐代以后才有"横吹笛子竖吹箫"的说法,这也是笛子与箫之间最基本的差别。箫的音色幽静典雅、圆润轻柔,适合独奏和重奏。箫与笛子同源,新石器时代开始用竹制作。现今的箫一般用竹子制成,吹孔在上端,按音孔数量区分为"六孔箫"和"八孔箫"。"六孔箫"的按音孔为前五后一,"八孔箫"则为前七后一。"八孔箫"为现代改进的产物。

2 作品欣赏:《清明上河图》

箫曲《清明上河图》由作曲家刘为光作曲,为张维良、崔君芝演奏的箜篌和箫的重奏曲。乐曲根据中国宋代张择端的名画《清明上河图》写意而成。乐曲清婉悠扬,充分体现了画卷的壮阔雄伟,旋律优美流畅,意境深长,让听者在古典氛围中静静享受音乐的美妙。

(微信扫一扫)

3 小知识

"萧史乘龙，弄玉吹箫"的典故：

这是一个关于箫的传说，出自汉朝刘白的《列仙传》。春秋时期，秦穆公有个小女儿叫作弄玉，十分爱吹箫。有一天皇宫里来了一个叫作萧史的人，这个人箫吹得非常好，弄玉公主一见到他就喜欢上了他。而穆公由于疼爱弄玉就成全了他俩，让他俩结成夫妻。他俩结婚后，萧史就成天教弄玉吹箫，数年过后，弄玉的箫也是吹得极好，声音就像凤鸣一般。终于，有一天夫妻二人的箫声引来了凤凰。秦穆公知道后大为高兴，于是就筑造了凤台让他夫妻二人居住。又过了几年，某一天，夫妻二人吹箫再度引来了凤凰，于是弄玉乘着凤凰升天而去，而萧史也以箫声引来了神龙并乘其升天而去。这就是"萧史乘龙，弄玉吹箫"的典故。

同学们，来试试吹箫吧！

音孔名	吹法		
	平吹（缓吹）	超吹（急吹）	
第八孔			
第七孔			
第六孔			
第五孔			
第四孔			
第三孔			
第二孔			
第一孔			
F调	6̣ ♭7̣ 7̣ 1 ♭2 2 ♭3 3 4 ♭5 5 ♭6	6 ♭7 7 1̇ ♭2̇ 2̇ ♭3̇ 3̇ 4̇ ♭5̇ 5̇ ♭6̇	6̇ ♭7̇ 7̇ 1̈ ♭2̈ 2̈ 3̈

箫的常用音阶图

练习：基本音阶。5 − − − 6 − − − 1 − − −

● 为什么箫的长度越长，声音就越低沉？

第二单元拓展作业——"我发明的吹奏乐器"

● 通过对本单元 5 种民族吹奏乐器的学习，同学们初步了解了民族吹奏
　乐器的基本构造与发音原理。本节课后请同学们用本单元学习的知识，
　找一找生活中可以吹出声音的"乐器"，如笔盖、酒瓶，等等。
● 鼓励同学们动手发明创造，并于下节课上展示。

第三单元　弹拨乐器

　　我国民族弦乐器的历史非常久远，弦乐器主要分为弹拨和弓弦2种。本单元主要介绍弹拨乐器。早在3000年前的周代，就有了"琴""瑟"等弹拨乐器，随后陆续出现了战国时的"筝"、秦代的"弦鼗"、汉代的"箜篌""阮"、隋唐的"琵琶"、元代的"三弦"、明代的"扬琴"，等等。我国的民族弹拨乐器根据演奏形式分为横式与竖式2种。横式的有筝、古琴、扬琴等；竖式的有琵琶、阮、二胡等。中国各民族的弹拨乐器种类繁多，本单元我们将依次来了解最常见的弹拨乐器：阮、琵琶、古筝、古琴。

第十课
迷人的古韵——阮

　　导语:阮（ruǎn）是汉族古老的传统乐器，它的音色古朴优雅，几乎集古琴、古筝、琵琶等所有古老弹拨乐器的韵味于一身。阮曾经一度失传，后经过挖掘、改良，渐渐成为民乐团里主要的伴奏乐器。近年来，经过几代演奏家的推动发展，阮以其广阔的音域和丰富的表现力，渐渐地以独奏乐器的形象走进人们的文化生活，深受广大音乐爱好者的青睐。

 玩一玩

（让学生触摸乐器实物，尝试让乐器发出声音，并引导学生进行观察。）

阮

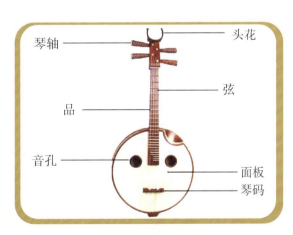

阮的详细部位图

说一说

同学们：
- 阮是用什么材料做的？
- 阮有几根弦？
- 阮是怎么发出声音的？

阮是靠（　　　）振动发出声音的。弦有粗细之分，弦越粗，振动的频率越（　　　），声音就越（　　　　　），余音越（　　　　　）。弦越细，振动的频率越（　　　），声音就越（　　　　　），余音越（　　　　　）。

听一听

1 阮的历史

阮的起源说法不一，据文史资料，阮是我们中华民族祖先自创的一种乐器。大约在公元前二三世纪的秦国时期，人们在一种有柄的小摇鼓上装了弦，做成弹拨乐器，叫作"弦鼗（táo）"。古人最早称之为"秦琵琶"或"秦汉子"。西晋（265—317）时期著名的文人居士"竹林七贤"之一的阮咸精通音律，很喜欢弹奏这种乐器。人们出于对阮咸的敬仰，纷纷效仿，这种乐器一时风行全国各地，成为独奏、合奏和伴奏的主要乐器。后来人们为纪念阮咸，就将这种乐器称为阮咸，后来干脆简略地称为"阮"。这也是中国民族乐器中唯一用人名来命名的乐器。

北魏壁画中的阮

2　作品欣赏:《天高云淡》

冯满天，中央民族乐团中阮、月琴演奏家，国家一级演员，阮乐器改良与制造大师。

（微信扫一扫）

3　小知识

"江南丝竹":

"江南丝竹"是流行于江苏南部、浙江西部和上海地区的丝竹乐队音乐的统称。乐队主要用二胡、扬琴、琵琶、三弦、秦琴、笛、箫等丝竹类乐器，故名为"江南丝竹"。明代嘉隆年间，以魏良辅、张野塘为首的戏曲音乐家们组成了规模完整的丝竹乐队。在明万历末年，吴中（苏州地区）形成了新乐种"弦索"，可以说这是"江南丝竹"的前身。之后它与民俗活动相结合，拥有了广泛的群众基础，后正式定名为"江南丝竹"。

同学们，来试着弹一弹吧。

中阮曾经有各种定弦，但后来逐步将"G，d，g，d1"作为标准定弦，也就是 C 调的"5 2 5 2"。

演奏姿势及拨片：

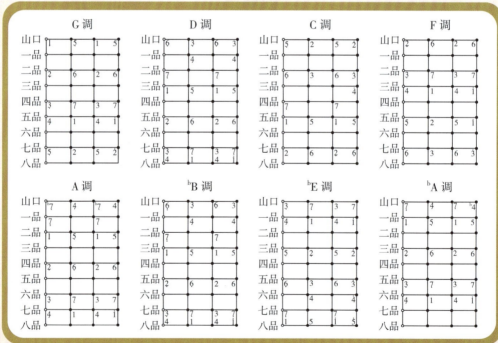

阮的常用音阶图

阮的演奏技巧，最初比较简单，随着乐器的改革，逐步得到创新发展。阮多用拨片弹奏。我国许多音乐学院先后开设了阮的本科专业，大阮和中阮的独奏曲大量涌现。经过演奏者的继承、实践、移植和创造，右手的指法有弹、挑、勾、抹、扣、划、轮、拂、分、摇、扫、滚等30多种，左手指法也有泛、打、带、滑、推、拉、吟、纹等10多种，大大提高了阮的艺术表现力。

下面我们来试试最基础的"弹"和"挑"。

阮的右手基本弹法表

符　号	名　称	演奏方法简介
＼	弹	持拨向左弹弦发音
／	挑	持拨向右挑弦发音
＼＼	双弹	持拨同时向左弹双弦发一声
／／	双挑	持拨同时向右挑双弦发一声
王王	扫	拨片由右向左急速弹三或四根弦发一声
廾廾	拂	拨片由左向右急速挑三或四根弦发一声

练习　|5̣ － － －|2 － － －|5 － － －|2̇ － － －‖

想一想

关于音高低的原理：

● 琴弦音调的高低和琴弦的振荡频率有关：频率越高，音调越（　　　）。

● 琴弦调得越紧，振荡频率越（　　　），音调就越（　　　）。

● 固定琴弦的两端距离越短，振荡频率越（　　　），音调就越（　　　）。所以很多弦乐器都有"品位"，阮、琵琶等弦乐器越往下按"品位"，两端距离越短音调越（　　　）。

第十一课
弹拨乐器之王——琵琶

导语：琵琶是目前中国民族乐器弹拨类中知名度最高的乐器，它以独特的音色、复杂的演奏技法和丰富的表现力成为民族音乐中的主力，并且各个朝代都出现了著名的演奏家。但是，同学们有所不知的是，这个被誉为民族乐器"弹拨乐器之王"的琵琶，最早却是从国外传入中国的。本课将和同学们一起好好探究一下"琵琶"的前世今生。

 玩一玩

（让学生触摸乐器实物，尝试让乐器发出声音，并引导学生进行观察。）

琵琶

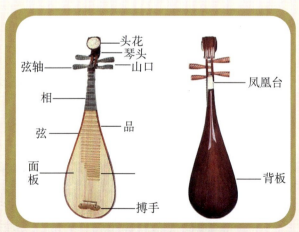

琵琶的详细部位图

说一说

同学们：

● 琵琶的形状像什么？它和我们上一课学的阮有哪些相同和不同之处？

● 琵琶的声音为什么比阮尖细？

听一听

1 琵琶的历史

其实历史上所谓的琵琶，并不仅仅是指现在的琵琶，而是对多种弹拨乐器，比如形状类似的柳琴、月琴、阮等的统称。琵琶古时候也叫"批把"，因为古代把弹奏这类乐器时向前弹出称作"批"，向后挑进称作"把"。琵琶最早指的就是秦汉时期的"秦汉子"，就是上节课介绍的阮。现在的"琵琶"是南北朝时，通过丝绸之路与西域进行文化交流，由波斯传入我国的。盛行于北朝，并在公元 6 世纪上半叶传到南方长江流域一带。在隋唐时期琵琶已成为主要乐器，特别是对盛唐歌舞艺

敦煌壁画中的"反弹琵琶"

术的发展起了重要作用。从敦煌壁画和云冈石刻中，仍能见到它在当时乐队中的地位。唐代是琵琶发展的高峰，涌现了大量的琵琶演奏者和乐曲。

2 作品欣赏：《十面埋伏》（又名《淮阴平楚》）

《十面埋伏》是以楚汉相争的历史为题材而创作的琵琶独奏曲，乐谱最早见于清代的《华秋苹琵琶谱》。乐曲整体可分为 3 部分，由 13 段带有小标题的段落构成，分别是列营、吹打、点将、排阵、走队、埋伏、鸡鸣山小战、九里山大战、项王败阵、乌江自刎、众军奏凯、诸将争功和得胜回营。该曲以公元前 202 年刘邦与项羽垓下之战的史实为内容，用音乐的形式描绘了激烈的战争场面。

《十面埋伏》背景故事：公元前 202 年的 10 月，汉王刘邦率人马，追击楚霸王项羽，把项羽军队重重包围在垓下。汉军"十面埋伏"，形如天网。刘邦要汉军唱起楚歌。项羽听到"四面楚歌"知道大势已去，"霸王别姬"后退至乌江边，感觉无颜见江东父老，自刎而死。

经考证，《十面埋伏》的作者是明末有"汤琵琶"之称的汤应曾。

（微信扫一扫）

3 小知识

唐朝诗人白居易的《琵琶行》：

浔阳江头夜送客，枫叶荻花秋瑟瑟。主人下马客在船，举酒欲饮无管弦。醉不成欢惨将别，别时茫茫江浸月。忽闻水上琵琶声，主人忘归客不发。寻声暗问弹者谁，琵琶声停欲语迟。移船相近邀相见，添酒回灯重开宴。千呼万唤始出来，犹抱琵琶半遮面。转轴拨弦三两声，未成曲调先有情。弦弦掩抑声声思，似诉平生不得志。低眉信手续续弹，说尽心中无限事。轻拢慢捻抹复挑，初为《霓裳》后《六幺》。大弦嘈嘈如急雨，小弦切切如私语。嘈嘈切切错杂弹，大珠小珠落玉盘。间关莺语花底滑，幽咽泉流冰下难。冰泉冷涩弦凝绝，凝绝不通声暂歇。别有幽愁暗恨生，此时无声胜有声。银瓶乍破水浆迸，铁骑突出刀枪鸣。曲终收拨当心画，四弦一声如裂帛。东船西舫悄无言，唯见江心秋月白。沉吟放拨插弦中，整顿衣裳起敛容。自言本是京城女，家在虾蟆陵下住。十三学得琵琶成，名属教坊第一部。曲罢曾教善才服，妆成每被秋娘妒。五陵年少争缠头，一曲红绡不知数。钿头银篦击节碎，血色罗裙翻酒污。今年欢笑复明年，秋月春风等闲度。弟走从军阿姨死，暮去朝来颜色故。门前冷落鞍马稀，老大嫁作商人妇。商人重利轻别离，前月浮梁买茶去。去来江口守空船，绕船月明江水寒。夜深忽梦少年事，梦啼妆泪红阑干。我闻琵琶已叹息，又闻此语重唧唧。同是天涯沦落人，相逢何必曾相识！我从去年辞帝京，谪居卧病浔阳城。浔阳地僻无音乐，终岁不闻丝竹声。住近湓江地低湿，黄芦苦竹绕宅生。其间旦暮闻何物？杜鹃啼血猿哀鸣。春江花朝秋月夜，往往取酒还独倾。岂无山歌与村笛，呕哑嘲哳难为听。今夜闻君琵琶语，如听仙乐耳暂明。莫辞更坐弹一曲，为君翻作《琵琶行》。感我此言良久立，却坐促弦弦转急。凄凄不似向前声，满座重闻皆掩泣。座中泣下谁最多？江州司马青衫湿。

 试一试

同学们，来试试弹琵琶吧！

先学习一下戴指甲哦！

 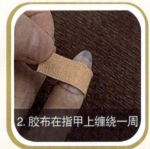 

1. 截取合适长度的胶布　　2. 胶布在指甲上缠绕一周　　3. 缠绕两周，松紧舒适

佩戴方法

再学习弹琵琶的姿势。

　　然后我们练一练弹空弦（即琵琶定弦，常用的定弦是 A、d、e、a 四个音，即 C 调 6 2 3 6）。再用右手弹、挑的指法拨弦。

C 调音位图	④	③	②	①	把位
空弦	··6	·2	·3	·6	
1 相					
2 相	··7	·3		·7	0 把位
3 相	·1	·4	·5	1	
4 相					
5 相	·2	·5	·6	·2	
6 相					
1 品	·3	·6	·7	3	
2 品	·4		1	4	
3 品		·7			1 把位
4 品	·5	1	2	5	
5 品					
6 品	·6	2	3	6	
7 品			4		
8 品	·7	3		7	
9 品	1	4	5	1·	2 把位
10 品					
11 品	2	5	6	2·	
12 品					
13 品	3	6	7	3·	
14 品	4		1·	4·	
15 品		7			3 把位
16 品		1·	2·	5·	
17 品					
18 品		2·	3·	6·	
19 品			4·		
20 品				7·	
21 品			5·	1··	4 把位
22 品					
23 品			6·	2··	
24 品					

琵琶的常用音阶图

琵琶的右手基本弹法表

分指部类	符 号	名 称	弹奏方法说明
食指	＼	弹	食指自右向左弹出。
	＼＼	双弹	食指自右向左弹出，同时弹相邻两弦，如得一声。
	＋	小扫	食指自右向左弹出，同时弹相邻的三条弦，如得一声。
	＋＋	扫	食指自右向左弹出，同时弹四条弦，如得一声。
	）	抹	食指自左向右将弦抹进。
	↑	挂	从外弦到里弦作一次慢挑的动作，如琶音。
大拇指	／	挑	大拇指自左向右挑弦。
	／／	双挑	大拇指自左向右挑相邻两弦，如得一声。
	＋	小拂	大拇指自左向右挑相邻三条弦，如得一声。
	＋＋	拂	大拇指自左向右挑四条弦，如得一声。
	（	勾	大拇指自右向左勾弦。
	↓	临	从外弦到里弦作一次慢挑的动作，如琶音。
中指	＜	剔	中指自右向左弹出。
	＞	中指抹	中指自左向右抹进。
各指自身指法结合	K	摇指	食、中、无名、小各指均能用指甲偏锋或侧锋急速来回拨弦，如"滚"奏，指序可用1，2，3，4表明，旧谱摇指用大拇指。

练习 演奏基本音阶。1———2———3———4————

● 弦的长短与音高的关系是什么？为什么在琵琶品位上按的位置越靠下面音越高？

第十二课
东方的钢琴——古筝

导语:筝,又称古筝、汉筝、秦筝,起源于(约公元前221年~公元前207年)汉族古老的传统弹拨乐器。它是中国最独特的、最重要的民族乐器之一。它的音色优美、音域宽广、演奏技巧丰富,具有丰富的表现力,被称为民族乐器中的"众乐之王",亦被称为"东方钢琴"。因此它深受广大人民的喜爱。古筝也是一件在黄土地上土生土长的、伴随中国悠久文化发展的古老民族乐器,更是当前普及最广的民族乐器。

 玩一玩

(让学生触摸乐器实物,尝试让乐器发出声音,并引导学生进行观察。)

古筝

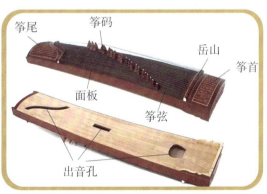

古筝的详细部位图

说一说

- 古筝一共有几根弦？每根弦有什么不同？
- 古筝上支撑弦的柱子起什么作用？
- 古筝的声音是从哪里发出来的？

听一听

1 筝的历史

古筝是一件古老的汉族乐器，战国时期盛行于秦地，史称秦筝，已经有 2500 年以上的历史了。关于筝的命名与来历有多种说法，有"分瑟为筝"之说：古时有种乐器叫"瑟"，传说有姐妹二人为争抢，结果一分为二取名为"筝"；另一种说法是因为其发音的性质而得名的，刘熙《释名》中"筝，施弦高急，筝筝然"就是说筝因发音铮铮而得名。

2 作品欣赏：《渔舟唱晚》

《渔舟唱晚》是一首颇具古典风格的筝曲。乐曲描绘了夕阳映照万顷碧波，渔民悠然自得，渔船随波渐远的优美景象。这首乐曲是 20 世纪 30 年代，在中国流传最广、影响最大的一首筝独奏曲。1925 年由古筝大师魏子猷以古曲《归去来兮》为素材，发展编创完成《渔舟唱晚》的初稿，曲成后经高徒娄树华加工润色，最终成就了一首蜚声世界、举世公认的中国传统古筝名曲。它是中国古筝艺术史上划时代的作品，一经问世就开创了筝曲的新纪元。

（微信扫一扫）

3 小知识

　　古筝在发展过程中的主要流派：

　　（1）陕西筝派。陕西筝亦称"秦筝"，古朴典雅，是各筝派的始祖。筝曲既有秦腔的悲壮气势，又有风格细腻的凄凉调。代表曲目有《秦桑曲》《姜女泪》《云裳诉》等。

　　（2）河南筝派。河南筝是由秦筝传入河南，并与当地民间音乐融合后发展而成。河南筝曲以深沉内在、慷慨激昂为特色。代表曲目有《打雁》《陈杏元和番》《高山流水》《汉江韵》等。

　　（3）山东筝派。山东筝曲多为宫调式，曲风刚柔并蓄、铿锵深沉。代表曲目有《汉宫秋月》《四段锦》《天下同》等。

　　（4）浙江筝派。浙江筝派流行在杭州一带。乐曲突出抒情性及戏剧性，节奏明快、流畅秀丽。代表曲目有《月儿高》《将军令》等。

　　（5）潮州筝派。潮州筝主要流传于广东潮州一带。潮州筝以变化细腻、微妙的风格著称。代表曲目有《寒鸦戏水》《秋思曲》等。

　　（6）客家筝派。客家派古筝历史源远流长，广东客家音乐也称汉乐，受当地风格及方言影响形成了古朴优美、秀丽委婉的风格。代表曲目有《出水莲》《蕉窗夜雨》等。

试一试

同学们，来试着弹一弹吧。

先学会戴指甲。

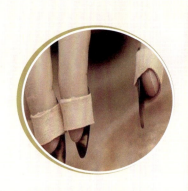

大指45度角

食指竖直

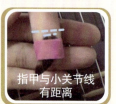

指甲与小关节线
有距离

不要太近 不要太远

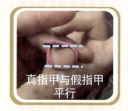

真指甲与假指甲
平行

胶布粘得贴合一些

弹古筝的姿势。

"夹弹法大搓"的手势预备

古筝的指法有很多。右手有钩、托、劈、挑、抹、剔、打、摇、搓等，传统的常用演奏手法采用右手大、食、中、无名四指拨弦，左手在筝柱左侧顺应弦的张力进行按、滑、揉、颤等控制和装饰弦音的变化。

古筝一共有 21 根弦，定弦分 4 组。倍高音 $\overset{\cdot\cdot}{1}$ 和高音 $\overset{\cdot}{1}\overset{\cdot}{2}\overset{\cdot}{3}\overset{\cdot}{5}\overset{\cdot}{6}$，中音 12356（do re mi sol la），低音 $\underset{\cdot}{1}\underset{\cdot}{2}\underset{\cdot}{3}\underset{\cdot}{5}\underset{\cdot}{6}$ 和倍低音 $\underset{\cdot\cdot}{1}\underset{\cdot\cdot}{2}\underset{\cdot\cdot}{3}\underset{\cdot\cdot}{4}\underset{\cdot\cdot}{5}\underset{\cdot\cdot}{6}$。

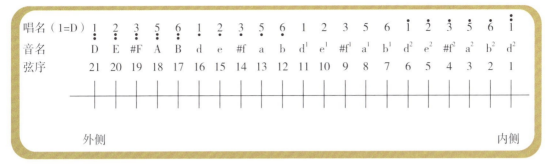

唱名（1=D）	1	2	3	5	6	1	2	3	5	6	1	2	3	5	6	1	2	3	5	6	1
音名	D	E	#F	A	B	d	e	#f	a	b	d¹	e¹	#f¹	a¹	b¹	d²	e²	#f²	a²	b²	d²
弦序	21	20	19	18	17	16	15	14	13	12	11	10	9	8	7	6	5	4	3	2	1

外侧　　　　　　　　　　　　　　　　　　内侧

古筝的常用音阶图

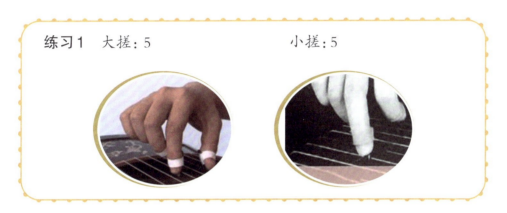

练习1　大搓：5　　　　　小搓：5

古筝右手基本弹法表

符　号	名　符	符　号　说　明	谱　例
⅃⅃、⌐	托	大指向外弹弦。	⅃⅃或⌐5
⌐、⌐	劈	大指向里弹弦。	⌐5或⌐5
＼	抹	食指向里弹弦。	＼5
／	挑	食指向外弹弦。	／5
⌢	勾	中指向里弹弦。	⌢2
⌣	剔	中指向外弹弦。	⌣2
∥	双挑	食指向外同时弹两弦。	∥∥ 7̇ 1
⅃⅃或⅃	双托	大指向外同时弹两弦。	⅃⅃ 1̇ 6 或 ⅃ 1̇ 6
⌐	双劈	大指向里同时弹两弦。	⌐ 1̇ 1

符 号	名 符	符 号 说 明	谱 例
╲╲	双抹	食指向里同时弹两弦。	╲╲ 5̣ 3 ↗
∧	打	名指向里弹弦。	^6
⊓、⊓、⊓	撮	大指向外、中指向里同时弹两弦。	5̇ 5̇ 5 或 5
⊿、⊿	小撮	大指向外、食指向里同时弹两弦。	1 1 5̣ 或 5̣
⫽	摇指	大指或食指连续地向里、向外快逛弹弦。	3⫽ 即 33333333
⋁	食指摇	食指连续、快速抹、挑。	3⋁ 即 33333333
⊔	大指摇	大指连续，快速托劈。	3⊔ 即 33333333
----------	连续记号	表示某一指法连续演奏。	5321 或 356̇1̇
✳	花指	即由高至低的连托，音多少不定。	✳5 5 即 53̇2̇1̇6 5 5
↙↗	刮奏、历音	从一个音到另一个音的上下行音阶缩写，也可记为 \× 或 ×\。	3↙3 即 32̇1̇653 3↗3 即 356̇1̇2̇3̇

练习2 刮奏：

 想一想

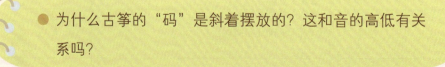

● 为什么古筝的"码"是斜着摆放的？这和音的高低有关
系吗？

第十三课
古老的灵魂——古琴

导语：古琴，又称瑶琴、玉琴、七弦琴，是中国最古老的传统拨弦乐器，有3000年以上的历史，属于八音中的"丝"。古琴音域宽广，音色深沉，余音悠远。现今存世的琴曲有3360多首，琴谱130多部，琴歌300余首。2003年11月7日，联合国教科文组织世界遗产委员会宣布，中国古琴被列为世界文化遗产。2006年被列入中国非物质文化遗产名录。

（让学生触摸乐器实物，尝试让乐器发出声音，并引导学生进行观察。）

古琴

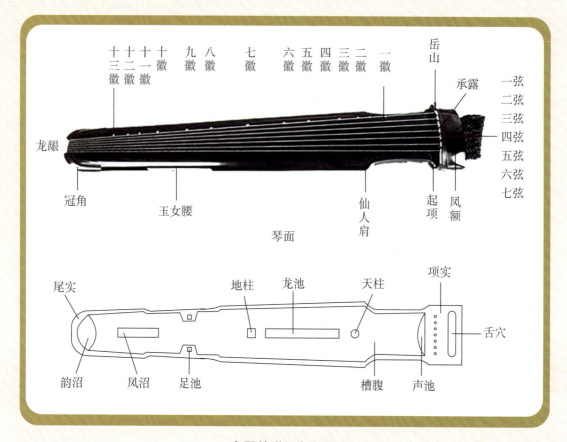

古琴的详细部位图

● 古琴是用什么材料做的?

● 古琴和古筝有哪些区别?

听一听

1 古琴的历史

　　因年代久远，古琴的起源已经很难追溯。根据古书，有伏羲做琴、神农做琴、黄帝造琴、唐尧造琴等传说，舜曾将琴定为五弦，后来周文王增加了一弦，周武王伐纣又增加一弦，变为七弦。周朝时，古琴除了用于祭祀、朝会、典礼等雅乐外，也盛行于民间。

关于古琴的最早文字记载是在《诗经》中。《诗经·周南·关雎》中的"窈窕淑女，琴瑟友之"；《诗经·小雅·鹿鸣》中的"我有嘉宾，鼓瑟鼓琴"；《诗经·小雅·常棣》中的"妻子好合，如鼓瑟琴"；《诗经·郑风·女曰鸡鸣》中的"琴瑟在御，莫不静好"。这说明在周朝，古琴在民间已经是一件非常普遍、非常受人喜爱的乐器了。据《史记》，古琴的出现不晚于尧舜时期。考古发现最早的古琴，是 2016 年在湖北枣阳郭家庙出土的周朝曾国春秋早期的琴，距今 2700 年左右。可见中华古琴文化源远流长，博大精深。

2 作品欣赏

《高山》

（微信扫一扫）

《流水》

（微信扫一扫）

3 小知识

《高山》《流水》：

《高山》《流水》是中国古琴曲，居中国十大古曲之列。传说先秦时期的琴师伯牙有一次在山上弹琴，樵夫钟子期竟能领会伯牙弹的意境描绘的是"峨峨兮若泰山"和"洋洋兮若江河"。伯牙很惊讶地说："太好了，先生的心和我的心是相通的。"后来钟子期死了，伯牙痛失知音，摔琴断弦，终生不弹琴。后人把这段故事流传了下来,并把伯牙弹的这首曲子称为"高山流水"之曲。"高山流水"被用来形容乐曲高妙，也用来形容知己或知音难遇。后世将古琴曲分为《高山》《流水》二曲，与同名筝曲《高山流水》并无传承关系。

 试一试

同学们，来试着弹一弹吧。

古琴的常用音阶图

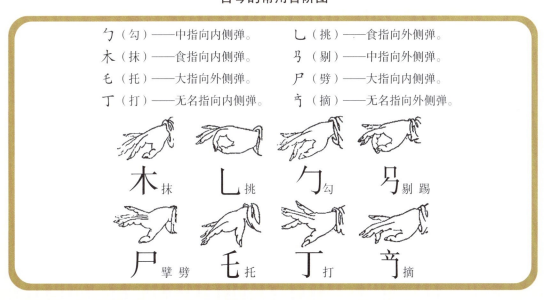

勹（勾）——中指向内侧弹。　　乚（挑）——食指向外侧弹。

木（抹）——食指向内侧弹。　　弓（剔）——中指向外侧弹。

乇（托）——大指向外侧弹。　　尸（劈）——大指向内侧弹。

丁（打）——无名指向内侧弹。　　亍（摘）——无名指向外侧弹。

木 抹　乚 挑　勹 勾　弓 剔踢

尸 擘劈　乇 托　丁 打　亍 摘

古琴右手基本弹法

演奏基本音阶：单音、长音。

练习：5---6---1---2---3---5---6---

● 古琴的音量为什么比古筝小？

第三单元拓展作业："我发明的弹拨乐器"

● 提示：将橡皮筋固定在一块长方形的小木板上，模仿琵琶、古琴，用笔画出"品位"，然后按住品位拨动橡皮筋，感受声音的变化。也可以用自制的"弦柱"模仿古筝制作。

● 请同学们在下节课时把自己制作的"弹拨乐器"带来，比一比谁发明的"弹拨乐器"声音最好听。

第四单元　弓弦乐器

　　弓弦乐器，顾名思义，是由弓与弦组成的乐器，是以弓擦奏琴弦而发音的弓奏弦鸣乐器，所以又称为拉弦乐器。弓弦乐器一般多为竹木与丝弦的组合。我国的民族弓弦乐器在唐代才出现，是吹奏乐器和弹拨乐器的延伸发展。弓弦乐器提高了音乐的表现力，其形成和确立，标志着中国民族音乐体系的完整性。我国弓弦民族乐器种类不多，本单元主要带同学们一起了解最常见的二胡和马头琴。

第十四课
如歌的旋律——二胡

　　导语：二胡，即二弦胡琴，是中华民族乐器家族中主要的弓弦乐器之一。始于唐朝，称"奚琴"，又名"南胡"。至今已有1000多年的历史，是中国传统的拉弦乐器。民族乐器中弓弦乐器和弹拨乐器一样属于弦鸣乐器。在丰富的民族乐器宝库中，二胡犹如一首歌谣，如泣如诉地讲述着民族文化历史。二胡也是目前民间最普及的民族乐器之一。本课我们将和同学们一起走进二胡的艺术世界。

　　（让学生触摸乐器实物，尝试让乐器发出声音，并引导学生进行观察。）

二胡

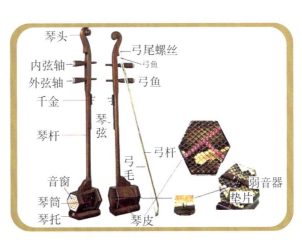

二胡的详细部位图

琴头
内弦轴
外弦轴
千金
琴杆
音窗
琴筒
琴托
弓尾螺丝
弓鱼
弓鱼
琴弦
弓杆
弓毛
弱音器
垫片
琴皮

说一说

● 二胡是用哪些材料做的？
● 二胡的声音是从哪里发出的？

听一听

1 二胡的历史

二胡在唐宋时期叫奚琴、嵇琴和胡琴。奚琴因出自北方游牧民族奚人而得名。诗人欧阳修《试院闻奚琴作》一诗中就写有："奚琴本自男人乐，男人弹之双泪落。"早期奚琴为弹拨乐器，后来才出现擦弦乐器奚琴。直到宋代才开始出现马尾胡琴。沈括的《梦溪笔谈》记载："马尾胡琴随汉车，曲声犹自怨单于。"到明代，胡琴加上了定弦长的"千斤"后，与今天的二胡基本相同。明末以后，拉弦乐器崛起，成为音乐活动（特别是戏曲演出）中的主奏乐器，演奏的技巧得到了很大发展。

20世纪初，著名民族音乐家刘天华致力于二胡的研究改进和创造。他吸收了西洋小提琴的演奏技法，丰富了二胡的艺术表现力，把二胡从伴奏乐器提升到了独奏乐器的地位，使其进入大雅之堂。他还将二胡纳入高等音乐学府的教学之中，设立了二胡专业，编写了最早的二胡教本和练习曲，创作了《病中吟》等10首二胡独奏曲，开创了二胡艺术的新纪元。

2 作品欣赏：《二泉映月》

二胡名曲《二泉映月》是中国民间音乐家华彦钧（阿炳）的代表作。作品于20世纪50年代初由音乐家杨荫浏先生根据阿炳的演奏，录音记谱整理，灌制成唱片后广受好评，并很快传播到全国各地。这首乐曲表达了一位饱尝旧社会辛酸痛苦的盲人艺人的情感与思想，作品具有独特的民间演奏技巧与风格，以及深邃的意境，不仅展现了中国二胡艺术的独特魅力，更拓宽了二胡艺术的表现力，曾获"20世纪华人音乐经典作品奖"。

《二泉映月》是中国民族音乐文化宝库中一首享誉海内外的优秀作品，是中国民间乐器创作曲目中的瑰宝之一。

（微信扫一扫）

3 **小知识**

民间音乐家阿炳：

阿炳，原名华彦钧（1893年8月17日—1950年12月4日），出生于无锡市，民间音乐家，正一派道士。其父华清和为无锡城中三清殿道观雷尊殿的当家道士，擅长道教音乐。华彦钧4岁丧母，由同族婶母抚养。8岁随父在雷尊殿做小道士，开始在私塾读了3年书，后从父学习鼓、笛、二胡、琵琶等乐器。12岁已能演奏多种乐器，并刻苦钻研道教音乐，广泛吸取民间音乐的曲调，经常参加拜忏、诵经、奏乐等活动。18岁时成了享誉无锡道教音乐界的演奏高手。中年后阿炳因染上吸食鸦片等恶习导致生活潦倒，随后患上眼疾，双目相继失明，只能流落街头卖艺。底层的生活让他历尽了人世的艰辛，饱尝了旧社会的辛酸屈辱。但才华横溢的阿炳，经常通过二胡、琵琶把自己对生活的痛苦感受反映出来。阿炳一生共创作了 270 多首民间乐曲。1950 年中央音乐学院杨荫浏、曹安和教授慕名专程到无锡为阿炳的演奏录音，收集这位民间音乐家的宝贵音乐作品。遗憾的是，阿炳在第一次录音后不久，于 1950 年 12 月 4 日突发旧疾病逝，享年 57 岁，仅留存下二胡曲《二泉映月》《听松》《寒春风曲》和琵琶曲《大浪淘沙》《龙船》《昭君出塞》，共 6 首。而这 6 首作品至今都是我国民族音乐宝库中的瑰宝。

同学们，来试着拉一拉吧。

演奏二胡时，采用的坐姿为两腿分开或将左腿架于右腿上，将琴筒置于左大腿弯曲处，琴杆稍向前方倾，左手虎口持琴，手腕略呈弧形，大拇指平伸，其余四指自然弯曲，以指端肌肉按弦。右手执弓，以大拇指和食指持弓杆，中指和无名指置于弓杆和弓毛之间。拉外弦时以操弓杆为主，拉里弦时主要操弓毛。运弓是右肩关节、大臂、肘、小臂、手腕和手指动作的有机配合，尤以腕关节最为重要，运弓时要平直，并应平贴在琴筒上。

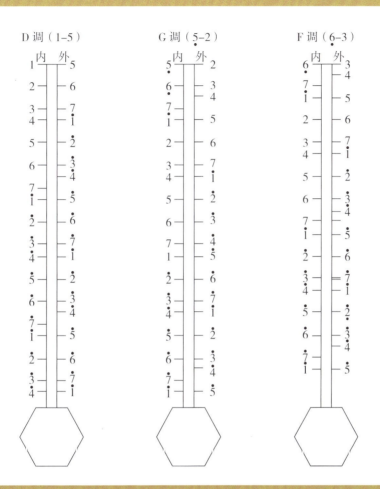

二胡基本音阶图

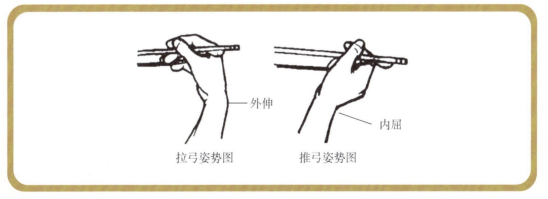

拉弓姿势图　　　　　推弓姿势图

二胡右手基本姿势

练习　1 — — — 5 — — —
　　　内　　　外

想一想

● 二胡发出声音的最关键部位是哪里？

● 琴筒的大小与声音的关系是什么？

小贴士

　　探究二胡的发音原理：沾有松脂的弓毛在右手的拉动下，使琴弦受到了持续均等的摩擦，引起了琴弦的振动，琴弦将振动频率通过琴码传递给琴皮。琴皮起到"膜"的作用，振幅扩大，音量随之加大，再经过琴筒产生共鸣，使琴声更为柔和、纯净。

导语：马头琴，因琴首雕有马头的形状而得名，蒙古语里称其为"潮尔"，是蒙古族历史较为悠久的一种弓弦乐器。马头琴从它被创造的那天起，就成为蒙古族喜爱的乐器并广为流传。它伴随着蒙古族走过了1300多年的历史，已成为蒙古族文化生活中不可缺少的一部分。由于马头琴流传于北方蒙古族地区，平常也较少在主流媒体上出现，估计很多同学都不太熟悉。今天，就让我们好好认识一下吧！

（让学生触摸乐器实物，尝试让乐器发出声音，并引导学生进行观察。）

马头琴

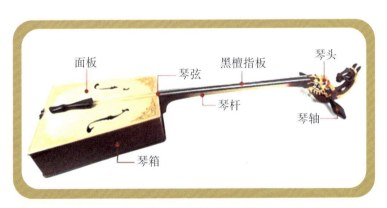

马头琴的详细部位图

说一说

- 马头琴的结构有哪些?
- 找一找马头琴出音孔在哪里?
- 马头琴和二胡有哪些相同和哪些不同?

听一听

1 马头琴的历史

马头琴的历史和二胡一样,也是从唐宋时期的拉弦乐器"奚琴"发展演变而来的。据记载,马头琴在成吉思汗时期已流传于民间。《马可波罗游记》载,12世纪鞑靼人(蒙古族人的前身)中流行的一种二弦琴,可能就是其前身。到了明清时期曾用于宫廷乐队。遗留的岩画和历史资料显示,古代蒙古人最早是把酸奶勺子加工之后蒙上牛皮,拉上两根马尾弦,当乐器演奏,称之为"勺形胡琴"。当时的勺形胡琴最长也就二尺左右,因共鸣箱比较小,声音也小很多。现在很多人认为这就是马头琴的前身。至今蒙古国的西部仍有人称马头琴为"勺形胡琴"。

马头琴是蒙古族音乐文化的典型代表,无论是它的造型、制作材料,还是它的音质音色、音乐表现风格和演奏方法,都体现出蒙古族豪迈的性格与风格。

2 作品欣赏:《鸿雁》

《鸿雁》是一首源远流长的内蒙古乌拉特民歌,曾作为热播剧《东归英雄传》的主题曲,由著名音乐人吕燕卫先生填词并制作。歌曲旋律优美,悠远蜿蜒,表达了远方游子对家乡草原的思念与眷恋,属于游牧民族的经典之作,并在中华大地经久传唱。同时,《鸿雁》也是蒙古族乐器马头琴最经典的演奏曲目之一。

（微信扫一扫）

3　**小知识**

马头琴的传说：

草原上一直流传着一个关于马头琴的传说。相传马头琴最早是由察哈尔草原上一个叫苏和的小牧童制作成的。苏和从小由奶奶抚养长大，有着非凡的歌唱天赋，邻近的牧民都很喜欢听他唱歌。一天，苏和在牧羊回来的路上捡到一匹小白马。在苏和的精心照管下，小白马长得浑身雪白，又美丽又健壮。一年春天，草原上传来消息说，王爷要举行赛马大会，因为王爷的女儿要选一个最好的骑手做她的丈夫，谁得了头名，王爷就把女儿嫁给谁。苏和听到了这个消息，在亲友的鼓励下也领着小白马去参加比赛。结果，苏和与小白马赢得了第一。可王爷一看跑第一名的是个穷牧民，不但不提招亲的事，还无理地夺去了小白马。王爷得到了一匹好马，心里非常高兴，他想在人前炫耀一下自己的好马，可刚跨上马背还没有坐稳，小白马就猛地一踹把他摔了下来。小白马用力摆脱了缰绳冲出人群。王爷气急败坏地命令箭手们放箭，小白马虽然身上中了好几箭，但还是坚持跑回了家，死在它最亲爱的主人面前。小白马的死，让苏和非常悲痛。一天夜里，苏和梦见小白马轻轻地对他说："主人，你若想让我永远陪伴着你，为你解除寂寞的话，那你就用我身上的筋骨做一把琴吧！"苏和醒来以后，就按照小白马的话，用它的骨头、筋、尾做成了一把琴。每当他拉起琴来，他就会想起小白马。从此，马头琴便成了草原牧民生活中不可缺少的一部分，他们一听到这美妙的琴声，便会忘掉一天的疲劳，一起载歌载舞。

同学们，来试着拉一拉吧。

演奏方法：

姿势：演奏马头琴时，通常采取坐姿，将琴箱夹于两腿中间，琴杆偏向左侧。

指法：左手虎口自然张开，拇指微扶琴杆，在低把位上，用食指、中指的指甲根部顶弦，无名指、小指采用指尖顶弦。右手执弓时，以虎口夹住弓柄，食指、中指放在弓杆上，无名指和小指控制弓毛。

弓法：运弓中，弓毛和琴弦要保持直角状态。

马头琴的定弦有多种，因较细的琴弦张在里弦，较粗的弦张在外弦，所以常以反四度关系定弦为 5、1，拉奏方法也与其他拉弦乐器不同，琴弓的弓毛不夹在里、外弦之间，而是在两弦外面擦奏，类似西方的大提琴。与二胡相比，因其弦较粗，所以它具有独特的音色，柔和、浑厚而深沉，拉奏起来特别广阔、低沉而豪放，富有草原韵味。

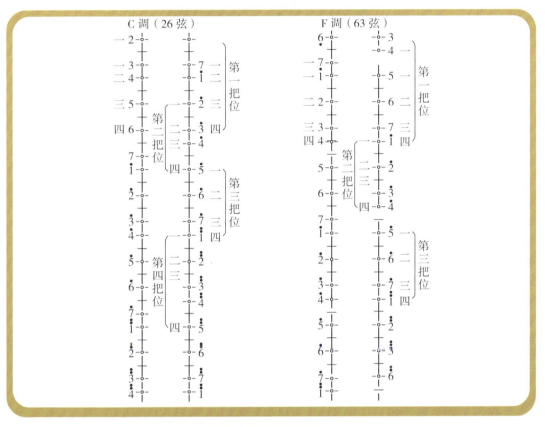

马头琴常用音阶图

马头琴右手基本姿势

练习 1 - - - 5 - - -

● 据考证，马头琴前身是胡琴，那么它们之间的构造和发音原理一样吗？

第四单元拓展作业："我发明的弓弦乐器"

● 提示：

1. 琴体制作。找 1 个牛奶盒或果汁盒，2 支新铅笔。把棉纱线纵向绑在盒子上，再把铅笔穿在牛奶盒两端，压在线下面。再在盒子上开 2 个发音孔。

2. 拉弓制作。找 1 根竹签，两头系上棉线并拉紧，使竹签至弯弓状。然后通过弓线与琴体上的棉线摩擦振动，传导至盒子上发出声音。可通过压短琴体上的棉线改变声音。

● 请同学们在下节课时把自己制作的"弓弦乐器"带来，比一比谁发明的"弓弦乐器"声音最好听。